W0206486

IM FLUG ÜBER HAMBURG

IN FLIGHT OVER HAMBURG

deutsch | englisch

Jochen Knobloch | Matthias Gretzschel

Translation: Andrea Edwards

HINSTORFF

IM FLUG ÜBER HAMBURG
IN FLIGHT OVER HAMBURG

Fotos / Photography:
JOCHEN KNOBLOCH

Text:
MATTHIAS GRETZSCHEL

Übersetzung / Translation:
Andrea Edwards

HINSTORFF

Die Sonne scheint und der Himmel wölbt sich in so makellosem Blau über die Stadt, als habe es das berüchtigte Hamburger Schmuddelwetter nie gegeben. Vergessen wir also den Nieselregen und den Sturm, der hier oft genug Regenschirme zerknickt und mit eiskaltem Hauch unter die Kleider kriecht. Jetzt, wo die alte Hansestadt ihr mürrisches Gesicht abgelegt hat und in der Sonne lächelt, offenbart sich ihre wahre Schönheit. St. Michaelis, St. Nikolai, St. Katharinen, St. Jacobi und St. Petri, die fünf Türme der historischen Hamburger Hauptkirchen ragen steil in die Weite des Himmels und geben der Silhouette ihr unverwechselbares Profil. Obwohl mit dem Fernsehturm und dem 26 Stockwerke himmelwärts aufragenden Radisson SAS-Hotel am Dammtor auch das 20. Jahrhundert einzelne vertikale Ausrufezeichen ins Stadtbild gesetzt hat, konnte die Hamburger Silhouette ihren in Jahrhunderten gewachsenen Charakter bis heute bewahren. Trotz vieler Veränderungen ist sich die Hansestadt immer treu geblieben. Auch wenn es an Geld und Begehrlichkeiten gewiss selten gefehlt hat, verteidigte sie ihre historische Turm- und Dachlandschaft mit sympathischer Starrköpfigkeit gegen alle Hochhausfantasien finanzkräftiger Investoren. Hamburg war und ist maßvoll, neigt eher zu Understatement als zu Protz – was sich im Lauf der Geschichte immer wieder ausgezahlt hat.

Zeigte man Heinrich Heine heute ein Foto der Skyline seiner Geburtsstadt Düsseldorf, würde er wohl sprachlos den Kopf schütteln. Hamburg, wo sich der Dichter als junger Mann unglücklich verliebte

The sun is shining and the sky arches over the city in such a perfect shade of blue as if Hamburg's infamous miserable drab weather had never existed. So let us, for a moment, forget the drizzle and the storms which often turn umbrellas here inside out and which blow an icy cold wind right through you. The old Hansa town has cast aside its glum face now and is smiling in the sun, revealing its real beauty. St. Michaelis, St.Nikolai, St. Katharinen, St. Jacobi and St. Petri – the five towers of Hamburg's historic main churches ascend steeply into the sky and give the city's skyline its unmistakable silhouette. Although the 20th century has also left its mark on this skyline with the Television Tower and the towering 26-storey Radisson SAS-Hotel at the Dammtor, the city still manages to retain its traditional character right up to the present day. Despite many changes, the Hansa town has always remained true to itself. Even if there has never been a lack of money and ambition, the city defended its historic landscape of towers and rooftops against all the high-rise aspirations of wealthy investors with an endearing stubbornness. Hamburg was and continues to be low key and tends more towards understatement than swank – something which, in the course of history, has paid off again and again.

If you were to show Heinrich Heine a photo of the present day skyline of Düsseldorf, his city of birth, he would probably shake his head and be lost for words. He would, in contrast, certainly be able to recognise Hamburg, despite all the changes – the city where the poet was, as a young man, unhappy in love. This is even more surprising when

und erfolglos als Kaufmann versuchte, könnte er dagegen trotz aller Veränderung gewiss wieder erkennen. Das ist umso erstaunlicher, weil das Schicksal der Hansestadt gleich mehrfach hart mitgespielt hat. Anders als Amsterdam, Prag oder Kopenhagen erscheint uns Hamburg nicht als alte Stadt. Was hier als alt zählt, reicht meist nur bis in die Mitte des 19. Jahrhunderts zurück.

Heute ist es kaum vorstellbar, dass Hamburg früher ein mittelalterliches Gepräge hatte, mit engen, verwinkelten Gassen. Die ersten Gebäude, die Fischer und Händler einst zwischen Elbe und Alster errichteten, waren nicht aus Stein, sondern aus Lehm und Holz. Die Hammaburg, die dem Ort seinen Namen gab, entstand im zweiten Jahrzehnt des neunten Jahrhunderts. Mit einer stolzen mittelalterlichen Festung hatte die Anlage allerdings keine Ähnlichkeit. Der ebenso schlichte wie zweckmäßige Palisadenwall umschloss ein Areal von gerade mal 130 mal 130 Metern, auf dem sich eine hölzerne Taufkirche befand. Westlich von dieser Burg entwickelte sich eine Siedlung, die man allerdings trockenen Fußes nur per Schiff erreichen konnte. Es war schon eine ziemlich unwirtliche Gegend, in der der Benediktinermönch Ansgar seit 831 als erster Erzbischof amtierte. Ansgar, der als „Apostel des Nordens" in die Geschichte einging, bemühte sich um die Missionierung der hier lebenden heidnischen Völker – freilich mit zweifelhaftem Erfolg. Völlig überraschend griffen im Sommer 845 dänische Wikinger die Hammaburg und die benachbarte Siedlung an. Ansgar konnte nur noch die kostbaren Reliquien retten und Hals über Kopf fliehen. Er ging ins vergleichsweise sichere Bremen, wo er zum Erzbischof der nunmehr zusammengelegten Bistümer Hamburg und Bremen geweiht wurde.

Auch wenn die Wikinger Burg und Stadt mehrfach heimsuchten, ließen sich die neue Zeit und der neue Glaube nicht aufhalten. Die wieder aufgebaute hölzerne Bischofskirche wurde 1248 durch eine Backsteinbasilika ersetzt. Und schon bald begann Hamburg seine Karriere als Handels- und Hafenstadt. Neben der bischöflichen Altstadt entwickelte sich die von Graf Adolf III. von Schauenburg gegründete Neustadt, die Handwerker und Kaufleute anzog. Am 7. Mai 1189 soll der

you consider that fate has dealt numerous severe blows to the Hansa town. Different to Amsterdam, Prague or Copenhagen, Hamburg does not come across as an old city. What is seen as old here usually only dates back to the mid 19th century.

Today it is hard to imagine that Hamburg once had quite a Medieval character with many narrow winding alleys. The first buildings which the fishermen and traders built here between the River Elbe and the Alster weren't made out of stone but of clay and wood. The Hammaburg (a fortified castle) which gave the town its name, was built during the second decade of the 9th century yet the building bears no resemblance to a proud Medieval fort. The simple and functional palisade rampart surrounded a site of only 130 by 130 metres on which there was a wooden baptistery. A settlement developed to the west of this fort which could only be reached by boat. It was quite an inhospitable region in which the Benedictine monk, Ansgar, held the office of first archbishop since 831. Ansgar, who went into history as the "Apostle of the North", attempted to convert the heathens living here – but with doubtful success. Unexpectedly, in summer 845, Danish Vikings attacked the Hammaburg and the neighbouring settlement and Ansgar was only able to save the precious relics and escape as quickly as possible. He went to the comparably safe town of Bremen where he was ordained archbishop of the dioceses of Hamburg and Bremen which had joined together.

Even though the Vikings attacked the fort and town several times, this didn't stop the arrival of the new age and a new belief. The rebuilt wooden baptistery was replaced by a brick basilica in 1248 and Hamburg soon started its career as a trading and port city. Besides the episcopal Old Town, the New Town, founded by Count Adolf III of Schauenburg, also developed and this attracted craftsmen and tradesmen. On 7th May 1189, the count obtained a decree from Emperor Friedrich Barbarossa on the exemption of customs tax and the free movement of goods on the Niederelbe up to the estuary in the North Sea. This date is, up to this day, celebrated annually in grand

Graf bei Kaiser Friedrich Barbarossa ein Dekret über die Zollfreiheit und den freien Warenverkehr auf der Niederelbe bis zur Mündung in die Nordsee erwirkt haben – ein Datum, das bis heute jährlich mit großem Aufwand als „Hafengeburtstag" gefeiert wird.

Dass da wohl nicht alles mit rechten Dingen zuging, belegt der Freibrief, der übrigens noch heute im Staatsarchiv aufbewahrt wird. Er stammt allerdings erst aus dem Jahr 1265, wo er in Hamburg ausgefertigt, rückdatiert und – wenn man es uncharmant ausdrücken möchte – gefälscht wurde. An den Tatsachen änderte diese Mogelei freilich nichts, die Zollfreiheit blieb bestehen und führte zum Aufschwung der Hafen- und Handelsmetropole, die bald ein wichtiges Mitglied im Städtebund der Hanse wurde.

So wie heute die riesigen Containerschiffe aus Shanghai, Singapur oder Hongkong die Elbe Richtung Hafen hinauffahren, waren es im Mittelalter die schwerfälligen Koggen, die „Lastesel der Hanse". Voll beladen mit Fässern und Ballen, die die Hamburger Handelsherren immer reicher machten, pendelten diese Segelschiffe zwischen Hamburg, dem norwegischen Bergen und den Häfen der Ostsee bis hin zum russischen Nowgorod. Aber Reichtum weckt Begehrlichkeit: Immer wieder wurden die Handelsschiffe von Piraten gekapert, die oft auch im politischen Ränkespiel ihre Rolle zu wahren wussten und gelegentlich die Fronten wechselten. Am 20. Oktober 1401 strömte viel Volk auf den Grasbrook. Schaudernd verfolgte die Menge, wie der Scharfrichter sein Schwert erhob und Klaus Störtebeker damit den Kopf abschlug. Doch der sagenumwobene Pirat, über den es nur wenige verlässliche Quellen gibt, soll auch ohne Kopf noch an seinen Kumpanen vorbeigelaufen sein und ihnen damit das Leben gerettet haben – bis er unter dem Gejohle der Gaffer schließlich zu Boden sank. Störtebeker ist ein Mythos – im Hamburgmuseum am Holstenwall, einem beeindruckenden Gebäudekomplex aus dem frühen 20. Jahrhundert, werden sogar einige auf Pfähle genagelte Schädel hingerichteter Piraten gezeigt. Beweisen lässt es sich nicht, doch in Hamburg glaubt man, dass der Störtebekers darunter ist. Bekanntlich heilt die Zeit manche Wunden, und

style as the "port birthday". That all wasn't quite as above board as it should be is portrayed in a charter which is still kept in the town archive. It did not appear, however, until 1265, the year it was written in Hamburg, and then back dated and, to put it bluntly, also forged. Yet this bit of cheating did not, of course, change the facts: the exemption from the customs tax remained and led to the boom of the port and trading city which was soon an important member of the Hanseatic League.

Just as today huge container ships from Shanghai, Singapore and Hong Kong sail up the River Elbe towards the port, it was, in Medieval times, the lumbering cogs which were the "beasts of burden" of the Hansa towns. Fully loaded with bales and barrels which made Hamburg's merchants even richer, these ships travelled between Hamburg, the Norwegian mountains and the ports of the Baltic Sea up to the Russian Nowgorod. But wealth awakens greed – the ships and their loads were often attacked by pirates who, amidst the political intrigue, were very clever in safeguarding their particular roles and sometimes even changed sides. On 20th October 1401, a crowd of spectators gathered on Grasbrook (island on the Unterelbe in Hamburg) to witness the executioner lift his sword and be-head the pirate Klaus Störtebeker. It is said, though, that the legendary pirate, concerning whom there are only few reliable sources of information, continued, even though headless, to help his old chums until he eventually dropped to the ground, to the cheers of the onlookers. Störtebeker is a myth: in the Hamburg Museum at the Holstenwall, an impressive building complex from the early 20th century, visitors can even see skulls of executed pirates nailed onto pillars. There is no proof, but people in Hamburg believe that Störtebeker is one of them. It is known that time heals all wounds and today a memorial by the sculptor Hansjörg Wagner commemorates this man who, around 1400, was Hamburg's public enemy number one!

With clever foresight, the town, which had become Protestant in 1529, surrounded itself at the beginning of the 17th century with an elaborate rampart system. This can, incidentally, still be clearly seen to-

so erinnert heute am Grasbrook ein von dem Bildhauer Hansjörg Wagner geschaffenes Denkmal an jenen Mann, der um 1400 Hamburgs Staatsfeind Nummer 1 gewesen ist.

In weiser Voraussicht umgab sich die 1529 protestantisch gewordene Stadt Anfang des 17. Jahrhunderts mit einem aufwendigen Wallsystem. Aus der Luft lässt es sich übrigens am Straßenverlauf bis heute gut erkennen. Die teure Wallanlage war ihr Geld allemal wert, denn dadurch blieb Hamburg von den Schrecken des Dreißigjährigen Kriegs verschont.

Zu Beginn des 19. Jahrhunderts kam dafür Napoleon mit seiner Armee, die in Hamburg Quartier bezog, für viel Unruhe und Ärger sorgte, einige Kirchen als Pferdeställe nutzte und die Bürger jede Menge Geld kostete. Doch die „Franzosenzeit", die 1814 endete, brachte nicht nur Bedrängnis, sondern auch eine Modernisierung von Verwaltung und Wirtschaft sowie religiöse Toleranz. Damit entwickelte sich die heute als ganz und gar hanseatisch angesehene Liberalität, jenes Bewusstsein dafür, dass man viele Dinge nicht nur auf die eine, sondern eben auch auf ganz andere Weise betrachten kann.

Knapp drei Jahrzehnte später ereignete sich eine der beiden großen Katastrophen in der Geschichte der Hansestadt, die der Entwicklung eine völlig neue Richtung und der Stadt ein neues Gesicht gaben:

Die Nacht zum 5. Mai 1842 war warm. Schon seit Wochen hatte es nicht geregnet. Die Uhr der nahe gelegenen Hauptkirche St. Nikolai schlug gerade zur ersten Stunde, als im Haus Nummer 42 der Deichstraße ein Feuer ausbrach. Bald darauf rückte die Feuerwehr aus, aber diesmal sollte es kein Routinefall werden. Die Männer an der Spritze pumpten unablässig Wasser aus dem Fleet, bekamen die Flammen aber nicht unter Kontrolle. Immer wieder fachte der Wind die Lohe an, die bald auf die benachbarten Speicher übergriff, in denen Lacke und Gummi lagerten. Gegen fünf Uhr züngelten die Flammen schon über die Deichstraße hinweg und bedrohten die Häuser in der Steintwiete.

day along the course of the roads. The expensive ramparts were certainly worth the money as they protected Hamburg from the ravages of the Thirty Years War. Instead, though, at the beginning of the 19th century, Napoleon and his army moved into the city causing much unrest and trouble. They used several churches as stables and cost the people here a great deal of money. Yet the "French period", which ended in 1814, brought with it not only hardship but also the modernisation of the administration and the economy as well as religious tolerance. This led to the typical Hanseatic liberalness of today – the awareness that you can see things not only in one way but also in a very different way.

Around three decades later, one of the two big disasters in the history of the Hansa town occurred which was to give the town's development a totally new direction as well as a new face. The night of the 5th May 1842 was warm and it hadn't rained for several weeks. The clock of the nearby church of St. Nikolai was striking one when a fire broke out in the house at 42 Deichstraße. Shortly afterwards, the fire brigade arrived on the scene but this time it was no routine call. The men pumped water ceaselessly but could not get the fire under control. The wind kept fanning the flames which soon reached a neighbouring storehouse in which paints and rubber were being stored. At around five o'clock, the flames were already going beyond the Deichstraße and were threatening the houses in the Steintwiete.

The chief fireman knew exactly what had to be done then and implored police senator Binder to blow up some of the houses standing in the direction of the wind in order to stop the fire spreading. Binder didn't agree with this because he was worried by the possible claims for damages of the house owners. This sealed Hamburg's fate. Although Hamburg's 1,150 firemen were well equipped with 34 land and ship pumps, they could not stop the flames.

Die Innenstadt von Südosten gesehen.
The city centre as seen from the south east

Der Spritzenmeister wusste genau, was jetzt getan werden musste: Inständig bat er den Polizeisenator Binder, einige in der Windrichtung stehende Häuser sprengen zu dürfen, um die Ausbreitung des Brandes zu stoppen. Binder lehnte ab. Warum? Weil er Regressansprüche der Hausbesitzer fürchtete. Damit war Hamburgs Schicksal besiegelt. Obwohl 1150 Hamburger Feuerwehrleute mit 34 Land- und Schiffsspritzen gut ausgestattet waren, konnten sie die Flammen nicht mehr aufhalten.

War es protestantisches Gottvertrauen oder nur Ahnungslosigkeit? Als sei nichts geschehen, fand am Mittag dieses Himmelfahrtstages in St. Nikolai ein Gottesdienst statt – obwohl das Feuer zu diesem Zeitpunkt schon den Turm erfasst hatte. Überstürzt mussten die Gläubigen schließlich die Kirche verlassen. Für die Rettung der Kunstschätze war es da längst zu spät. Um 17.30 Uhr brach die altehrwürdige Hauptkirche brennend in sich zusammen. Das war etwa zur selben Zeit, zu der der Rat nun endlich – und damit gleichfalls viel zu spät – die gezielte Sprengung einzelner Häuser gestattete. Inzwischen flohen die Bewohner ganzer Straßenzüge vor den Flammen, die sich dem Rathaus näherten und das am Morgen des 6. Mai schließlich auch gesprengt werden sollte.

Wenigstens gelang es den Rettungskräften, die gerade erst eingeweihte Börse zu schützen, die bis heute erhalten blieb. Vom Wind getrieben, breitete sich das Feuer weiter und weiter aus und kam erst unweit des Areals zu stehen, auf dem sich heute der 1906 eröffnete riesige Hauptbahnhof am Glockengießerwall befindet. Daran erinnert bis in die Gegenwart die Straße mit dem Namen Brandsende.

Am Morgen des 8. Mai, als die unmittelbare Gefahr endlich vorüber war, konnte mit der Registrierung der Schäden begonnen werden: Es gab zwar nur 51 Tote und 130 Verletzte, doch 20 000 Menschen – etwa jeder fünfte Hamburger – hatten ihre Wohnungen verloren. Hätte man damals die Stadt aus dem Flugzeug betrachten können, der Anblick wäre trostlos gewesen. Mehr noch als beim Gang durch die von rauchenden Trümmern gesäumten Straßen und Gassen hätte sich aus der

Was it a Protestant trust in God or simply plain ignorance? As if nothing had happened, there was actually a church service in the St. Nikolai church on the afternoon of this Ascension Day – even though the fire had, at this point, already reached the tower. In the end, the believers had to flee the church as quickly as they could but it was already far too late to save the art treasures. At 5.30pm, the grand old church finally collapsed. This was at around the same time that the council had finally, yet far too late, authorised the blowing up of the individual houses …

Residents of entire streets were, meanwhile, escaping from the flames which were now approaching the town hall which, on the morning of the 6th May, was also due to be blown up.

The emergency services did, at least, succeed in protecting the recently officially opened Exchange which remains standing to this day. Driven on by the wind, the fire spread further and further afield and didn't die down until it was close to the Glockengießerwal, the site on which today the huge main train station stands, which opened in 1906. A street called Brandsende (end of the fire) today marks this point.

On the morning of 8th May when the immediate danger was finally over, an assessment of the damage could be made. There were only 51 dead and 130 injured but 20,000 people – around every fifth Hamburg resident, had lost their home.

If you had been able to view the town from the air at that time, it would have been a terrible sight. The bird's eye view revealed, much more than a walk through the smouldering remains of the streets and alleys, that in May 1842 an entire era in Hamburg's city history had simply gone up in flames. Medieval Hamburg no longer existed: the churches of St. Nikolai and St.Petri, the Gertruden chapel, two synagogues, historical buildings such as the town hall, around 1,750 houses and 100 storehouses, were destroyed. The damage to buildings alone, which were, without exception, insured through the Hamburg fire insurance, came to 135 million Cournat-Mark – an unimaginably huge amount at that time.

Vogelperspektive offenbart, dass in diesen Maitagen des Jahres 1842 eine ganze Ära Hamburgischer Stadtgeschichte in Flammen aufgegangen war. Das mittelalterliche Hamburg gab es nun nicht mehr: St. Nikolai, St. Petri, die Gertrudenkapelle, zwei Synagogen, historische Gebäude wie das Rathaus, etwa 1750 Häuser und 100 Speicher waren zerstört. Allein die Schäden an den Gebäuden, die ausnahmslos bei der Hamburger Feuerkasse versichert waren, betrugen 135 Millionen Cournat-Mark – für damalige Verhältnisse ein schier unermesslicher Betrag.

So groß die Verluste auch waren, im Blick auf die Stadtentwicklung barg die Katastrophe auch Chancen. Laut gesagt haben werden sie es nicht, aber ganz bestimmt empfanden manche der Rats- und Handelsherren das Trümmerfeld auch als reizvolle Möglichkeit, die Stadt völlig neu zu erfinden. Und das gelang auf erstaunliche Weise: Mit den Alsterarkaden, deren Bogenarchitektur sich mit geradezu venezianischer Anmut in der Kleinen Alster spiegelt, dem repräsentativen Rathausmarkt, der nach florentinischem Vorbild errichteten Alten Post, aber auch der spätklassizistischen Bebauung rund um die Binnenalster wurde Hamburg Mitte des 19. Jahrhunderts zur modernen Stadt. Die Katastrophe bildete die Voraussetzung für das, was Fritz Schumacher, bedeutendster Oberbaudirektor der Elbmetropole, Anfang des 20. Jahrhunderts „das Kunstwerk Hamburg" nannte.

Auf Luftbildern lässt sich besonders gut erkennen, dass dieses urbane Kunstwerk weniger aus herausragenden Einzelbauten besteht, sondern sich vielmehr als Resultat einer harmonischen Gesamtplanung – aus der maßvollen Verbindung von Architektur und Landschaft, von Stein und Wasser – erklären lässt. Auch dass man Hamburg völlig zu Recht als amphibische Stadt bezeichnet, erweist sich vor allem aus der Vogelperspektive: Wir sehen die Elbe mit dem Hafen und die Alster, den schon im Mittelalter zum innerstädtischen See aufgestauten Fluss, in dessen Wasser sich das Grün des Ufers und die schneeweißen Fassaden stilvoller Villen, Stadthäuser und Hotels spiegeln. Wir sehen aber auch die Fleete, die die Masse der Häuser in Quartiere gliedern und Elbe und Alster miteinander verbinden.

As great as the loss was, the catastrophe also brought with it, with regards to town development, opportunities. Although none of the councillors and leading merchants would have admitted it publicly, there were, no doubt, at least a few who also saw the ruins as an attractive opportunity to give the town a whole new identity. This was, surprisingly, successful. With the Alsterarkaden, the vaulted architecture of which reflects in the Kleine Alster river in almost Venetian style, the representative town hall, the Alte Post, built to a Florentine model, and also the late classical buildings around the Binnenalster, Hamburg became a modern town in the mid 19th century. The disaster created the conditions for what Fritz Schumacher, Hamburg's most significant building director, called in the early 20th century: "Hamburg: a work of art."

From aerial pictures, it can be clearly seen that this urban work of art consisted not so much of exceptional individual buildings but that it was, more so, the result of harmonious overall planning. There was a tailored unison of architecture and landscape, of stone and water. Hamburg is also, rightly so, described as an "amphibious city" and this can also be seen particularly from a bird's eye view. From here we see the River Elbe with the port and the Alster – the river which was, already in the middle ages, dammed to create an urban lake reflecting the green of the bank and the snow-white facades of the stylish villas, town houses and hotels. We also see the waterway which divides the mass of the houses into residential areas and which also provides the link between the Elbe and the Alster.

At the Rathausschleuse (a watergate), right next to the Bucerius Kunst Forum and the Alsterarkaden, several tourists have gathered and are curiously watching a barge make its way into the lock chamber and head towards the Elbe. The chamber is then closed and filled with water so that it reaches the same level as the Elbe. The port is around 110 kilometres from the Elbe estuary at Cuxhaven but is still affected by the North Sea tides. The tidal range, the difference between the high and low tide, is around 2.5 metres here. The lock chamber is then opened

An der Rathausschleuse, gleich neben dem Bucerius Kunst Forum und den Alsterarkaden, haben sich einige Touristen versammelt, die neugierig beobachten, wie eine Barkasse in die Schleusenkammer Richtung Elbe einfährt. Gleich darauf wird die Kammer geschlossen und mit Wasser befüllt, sodass sie das Niveau der Elbe erreicht. Der Hafen liegt zwar etwa 110 Kilometer von der Elbmündung bei Cuxhaven entfernt, spürt aber dennoch die Gezeiten der Nordsee. Der Tidenhub, die Differenz zwischen Hoch- und Niedrigwasser, beträgt hier etwa 2,50 Meter. Nun wird die Schleusenkammer in südlicher Richtung geöffnet, sodass die Barkasse auf dem Alsterfleet zum Binnenhafen und weiter zur Speicherstadt fahren kann.

Die zwischen dem Zollkanal und zwei Fleeten aufragenden Lagerhäuser lassen sich auf Luftbildern gut als zusammenhängender Komplex erkennen. Die Speicherstadt ist ein anschauliches Beispiel dafür, wie sich Hamburg immer wieder neu erfindet. Nach der Reichsgründung von 1871 konnte die Hansestadt ihren Sonderstatus, der die Zollfreiheit für alle auf ihrem Gebiet lagernden Waren garantierte, nicht mehr lange halten. 1881 unterzeichneten die Vertreter des Senats und des Deutschen Reichs schließlich den Zollanschlussvertrag, der einen Kompromiss in Gestalt eines verkleinerten Freihandelsbezirks festschrieb. Doch dafür musste ein völlig neuer Lagerhauskomplex erbaut werden. Man entschied sich für ein Areal, das sich südlich von der Altstadt befand und von den Kaufmannshäusern aus leicht zu erreichen war. Nur handelte es sich dabei keineswegs um freie Flächen, sondern um dicht bebaute Bereiche. Um an dieser Stelle eine Speicherstadt zu errichten, mussten zwei völlig intakte Wohnviertel geopfert werden: der Kehrwieder, ein altes Hafenarbeiterquartier mit Fachwerkwohnhöfen, und der Wandrahm, ein reiches Kaufmannsviertel mit wertvoller Renaissance- und Barockbebauung. Heute erinnern nur noch vereinzelt die Namen von Straßen und Fleeten daran. Bevor die Speicherstadt 1888 mit viel Pomp eingeweiht werden konnte, mussten fast 1900 Häuser geräumt und 24 000 Menschen umgesiedelt werden. Viele Werft- und Hafenarbeiter waren gezwungen, ihre billigen, hafenna-

in a southerly direction so that the barge can continue along the Alsterfleet (Alster waterway) to the inner port and on to Hamburg's Speicherstadt (world's oldest warehouse complex).

From an aerial view it appears as though the towering warehouses between the Zollkanal and the two waterways form one joint complex. The Speicherstadt, the world's oldest warehouse complex, is a good example of how Hamburg is continually reinventing itself. After the founding of the Reich in 1871, the Hansa town was no longer able to guarantee its special customs free status to all goods being stored within its boundaries. In 1881, the representatives of the senate and the German Reich finally signed a customs annexation agreement which set out a compromise in the form of a scaled down free trade area. However, a whole new warehouse complex had to be built for this. An area was chosen which was south of the Old Town and could be easily reached from the merchants' houses. Yet this wasn't an empty area of land but an area which was already densely built on. To create a warehouse complex here, two fully intact residential districts had to be sacrificed – the Kehrwieder, an old harbour worker district with half-timbered buildings, and the Wandrahm, a wealthy merchants' district with valuable Renaissance and Baroque buildings. Today, only the individual names of streets or waterways remember this. Before the Speicherstadt could be officially opened with great pomp in 1888, almost 1,900 houses had to be cleared and 24,000 people had to move. Many harbour and dockyard workers were forced to move out of their cheap housing close to their place of work and had to move into either more expensive accommodation in the New Town or into the suburbs, further away.

The Speicherstadt, which was built between 1885 and 1913 in three phases of expansion, is erected on oak stakes. For the building and operation of the warehouses, the city set up the Hamburg Free Harbour

nichtete große Teil der Stadt: Mindestens 24 000 Menschen kamen ums Leben, es gab 125 000 Verletzte, 900 000 Menschen verloren ihr Obdach. Mehr als die Hälfte aller Wohnungen und ein großer Teil der öffentlichen Gebäude, der Kirchen, Schulen, Krankenhäuser und Bahnhöfe wurden zerstört. Zum zweiten Mal ging die Elbmetropole in Flammen auf.

Im Flug über Hamburg lassen sich die Spuren des Feuersturms bis in die Gegenwart erkennen. Die vielfach noch aus dem späten 19. Jahrhundert stammenden Arbeiterviertel vor allem in Barmbek, Borgfelde, Hamm, Horn, Hammerbrook und Rotheburgsort sind nach ihrer fast vollständigen Zerstörung einer Neubebauung gewichen, die das nüchterne Gepräge der fünfziger und sechziger Jahre des 20. Jahrhunderts haben. Die markanten Grindelhochhäuser, die die britische Besatzungsmacht ab 1947 in Harvestehude zunächst für die eigenen Beschäftigten errichtete, künden von einer neuen, auf Klarheit und Kargheit abzielenden stadtplanerischen Haltung, die für die Nachkriegszeit in Deutschland insgesamt typisch war, den Wiederaufbau zwischen Alster und Elbe aber besonders nachhaltig geprägt hat. Bauten wie der Alsterpavillon oder das Springerhochhaus, die beide von Ferdinand Streb entworfen wurden, überzeugen noch heute, während andere Entscheidungen der Stadtplaner bleibende Wunden geschlagen haben. Das gilt in besonderer Weise für die Ost-West-Straße, die noch immer als schwer zu überwindende Barriere das Stadtzentrum vom Hafen abschnürt. Dabei gehört doch beides zusammen, bilden Alster und Elbe, Jungfernstieg und Landungsbrücken, Stadt und Hafen eben jene urbane Melange, die an Hamburg so fasziniert. Anders als in der Nachkriegszeit ist sich die Stadt dieser harmonischen Polarität heute wieder bewusst geworden, putzt den Jungfernstieg als Flaniermeile mit Flair und Grandezza heraus und wendet sich zugleich mit Dynamik der Elbe zu. Neu sind die schicken Büro- und Geschäftshäuser, die sich am Hafenrand zwischen Övelgönne und den Landungsbrücken wie eine Perlenkette aufreihen – oft als reizvoll umgenutzte backsteinerne Industriebauten, manchmal aber auch als avantgardistische Glas-

and 60s. The striking Grindel high rises which the British occupying forces built from 1947 onwards in Harvestehude, at first for their own men, marked a new kind of urban planning which showed a certain clarity and sparseness. This was, generally speaking, typical for the whole of Germany during the post War period but it particularly defined the re-building between the Alster and the Elbe in the long-term. Buildings such as the Alster pavilion or the Springer high-rise, both designed by Ferdinand Streb, are convincing even today whilst other decisions made by the urban planners left lasting wounds. This applies in particular to the Ost-West-Straße which, being still a difficult barrier to overcome, cuts off the city centre from the harbour. Yet both of these belong together – the Alster and Elbe, the Jungfernstieg and the jetties, the city and the port – all form that urban mix which is so fascinating about Hamburg. Unlike during the post War period, the city has, once again, become aware of this harmonious polarity – it has smartened up the Jungfernstieg as a stylish promenade and is, at the same time, being quite dynamic with regards to the Elbe. The smart offices and business buildings are new and line the harbour between Oevelgönne and the jetties like a string of pearls. The buildings are often attractively converted industrial brick buildings and sometimes also avant-garde such as the glass architecture of Hadi Teherani's Dockland which, not by chance, is reminiscent of a ship. Hamburg, having been declared a "growing city" by its senate, is to be given, through the big project HafenCity (Harbour City) a whole new look in the 21st century. Of course the district will be maritime, built closely to the water and with its head in the wind.

Hamburg's smartest and most modern district is currently being developed directly behind the time-honoured Speicherstadt, in an old port area which became redundant with the introduction of the container system for goods transport. Here, offices, shops and flats with

Dockland am Altonaer Elbufer

Dockland at the Altonaer Elbufer

hen Häuser aufzugeben und entweder wesentlich teurere Wohnungen in der Neustadt zu beziehen oder in Vororte auszuweichen.

Die Speicherstadt, die zwischen 1885 und 1913 in drei Ausbaustufen entstand, ist auf Eichenpfählen errichtet. Für den Bau und Betrieb der Speicher gründete die Stadt die Hamburger Freihafen- und Lagerhausgesellschaft, die heutige Hamburger Hafen- und Lagerhaus AG (HHLA). Auch in der Gegenwart werden in den pittoresken Backsteingebäuden Teppiche, Kaffee, Tee und Gewürze aus aller Welt gelagert. Doch die Zukunft sieht anders aus – und sie hat hier längst begonnen: Spätestens seit man den historischen Lagerhauskomplex vor wenigen Jahren aus dem Freihafen ausgliederte, wird eine immer größere Zahl von Speichern auf neue Weise kommerziell und kulturell genutzt: Es gibt schicke Büros und Lofts, vor allem aber Museen wie das Speicherstadt- und das Gewürzmuseum, das Deutsche Zollmuseum, die gigantische Modelleisenbahnschau, die unter dem Namen „Miniaturwunderland" jährlich Hunderttausende Touristen anlockt, oder das stadtgeschichtliche Gruselkabinett „Hamburg Dungeon".

Die heutige Attraktivität dieses vor gut 100 Jahren aus reiner Zweckmäßigkeit ziemlich brachial errichteten Viertels, das seit 1990 selbst unter Denkmalschutz steht, ergibt sich vor allem aus dem Reiz seiner Architektur. Treppengiebel, Türmchen, Windenerker und Spitzbögen geben dem Ensemble ein Gepräge, das nicht zufällig an die norddeutsche Backsteingotik erinnert. Die Wiederaufnahme historischer Bauformen ist für die zweite Hälfte des 19. Jahrhunderts typisch. Oberbauingenieur Franz Andreas Meyer, der für die Gestaltung der Speicher und Brücken verantwortlich war, orientierte sich an der Hannoverschen Bauschule, die seit Mitte des 19. Jahrhunderts die historistische Backsteinarchitektur stark beeinflusste. Es lohnt sich, genauer hinzusehen: Das Mauerwerk ist an vielen Stellen mit farbigen Ziegelbändern, keramischen Ornamenten, Glassteinen und neugotischem Zierrat angereichert. Besonders im hellen Sonnenlicht glänzen die grünen Glassteine. Die Kunsthistorikerin Karin Maak hat dafür den treffenden Begriff „Schatzkästchenarchitektur" geprägt. Geradezu märchenhaft

and Warehouse Association which is now the Hamburger Hafen- und Lagerhaus AG (the Hamburg Harbour and Warehouse AG), known as HHLA for short. Even today, coffee, tea, carpets and spices from all over the world are stored in these attractive brick buildings. But the future, which begun already some time ago, looks very different. Since the historic warehouse complex was outsourced from the free port a few years ago, more and more warehouses are being used for commercial and cultural purposes. There are now smart offices and lofts here and particularly museums such as the Speicherstadt and Spice Museum, the German Customs Museum, the huge model railway show which, under the name of Miniaturwunderland (Miniature Wonderland), attracts hundreds of thousands of tourists a year, and the city history horror chamber, Hamburg Dungeon.

The district, poorly developed over 100 years for purely functional reasons, has, since 1990, been under a preservation order. Its interest today stems mainly from its attractive architecture. Features such as step gables, small towers, and pointed arches, give the whole ensemble a character which is, not by chance, reminiscent of the north German brick Gothic. The use of historic construction forms is typical for the second half of the 19th century. Chief construction engineer Franz Andreas Meyer who was responsible for the design of the warehouses and the bridges, orientated himself towards the Hannover school of architecture which had, since the mid-19th century, strongly influenced historical brick architecture. It is worth taking a closer look: the brickwork is, in many places, enhanced with coloured brick bands, ceramic ornaments, glass stones and new Gothic ornamentation. The green glass stones gleam particularly bright in the sunlight. Art historian Karin Maak coined the perfect term for this: "treasure chest architecture." The Speicherstadt appears quite magical when darkness sets in. Illuminated by many floodlights, it then reveals its nocturnal face.

The Speicherstadt was fortunately not heavily affected by the second great disaster in Hamburg's history where it was only partly damaged. In the hot summer night of 27th to 28th July 1943, around 700

kommt die Speicherstadt nach Einbruch der Dunkelheit zur Wirkung: Von zahllosen Scheinwerfern angestrahlt, offenbart sie dann ihr Nachtgesicht.

Glücklicherweise wurde die Speicherstadt bei der zweiten großen Katastrophe in der Geschichte Hamburgs nicht mit voller Wucht getroffen, sondern nur in Teilen beschädigt. In der glutheißen Sommernacht vom 27. auf den 28. Juli 1943 nahmen etwa 700 britische Bomber Kurs auf die zweitgrößte Stadt des Deutschen Reichs. Auf ihren Stützpunkten gestartet, formierten sich die schweren, viermotorigen Lancaster zu einem „Bomberstrom" von mehr als 300 Kilometern Länge. Kurz nach 1 Uhr schlugen die ersten Bomben ein. Zuerst brannten nur wenige Häuser, 1.15 Uhr waren es aber schon ganze Wohnquartiere und 1.30 Uhr bildeten Tausende von Häusern ein einziges Flammenmeer. Während sich den Flugzeugbesatzungen ein unglaubliches, faszinierendes und schauerliches Schauspiel bot, das manche von ihnen an einen Vulkan erinnerte, war es für die Menschen in der Stadt die Hölle. Um 2.25 Uhr trug der Dienstführer der Luftschutzleitung Hamburg erstmalig ein bis dahin unbekanntes Wort in das Protokollbuch ein: Feuersturm.

Dieser Begriff bezeichnet ein physikalisches Phänomen. Wenn sich Brandherde großflächig vereinigen, wird die glühend heiße Luft wie in einem Kamin kilometerweit nach oben gewirbelt. Durch diesen Schloteffekt entsteht am Boden ein enormer Unterdruck, der mit unglaublicher Macht die Luft aus der gesamten Umgebung in den Brandherd saugt und ihm damit neuen Sauerstoff zuführt. Am 28. Juli 1943 tobte der Feuersturm mehr als fünf Stunden lang in Hamburg, erst dann ebbte er ab, weil nicht mehr genügend brennbares Material vorhanden war. Tausende Menschen wurden von dem Sturm erfasst, mitgerissen und binnen Sekunden verbrannt. Andere erstickten in den Bunkern, wurden von Mauern oder herabstürzenden Dächern erschlagen, verschüttet, zerquetscht. „Operation Gomorrha" hatte der britische Bomber-Chef Arthur Harris diese Aktion benannt, doch dieses geradezu biblische Inferno traf nicht nur Nazis und Mitläufer, sondern ver-

British bombers attacked the second largest city of the German Reich. Setting off from their bases, the heavy, four-engine Lancaster bombers formed a "bomber stream" which was more than 300 kilometres long. Shortly after 1.00am, the first bombers struck. At first, only a few houses were burning, at 1.15 it was already entire residential districts and, at 1.30, thousands of burning houses formed a sea of flames. While this appeared like an unbelievable, fascinating and gruesome spectacle to the planes' crews above, some of whom thought it resembled a volcano, it was hell for the people in the city. At 2.25am, the city's air raid protection chief entered a word into the protocol book which was, until then, unknown: "fire storm".

This term describes a physical phenomena. When fires join up over a large area, the hot air is driven, as in a chimney duct, kilometres upwards. This flue effect creates extreme low pressure on the ground which then sucks the air from the entire surroundings into the fire with unbelievable force, so supplying it with new oxygen. On 28th July 1943, the firestorm raged for more than five hours in Hamburg and it only began to die down then because there was no longer sufficient burning material. Thousands of people were caught in the storm, torn into it and burnt within seconds. Others suffocated in the bunkers or were struck or squashed by the collapsing walls and roofs. The British bomber chief Arthur Harris called the operation "Operation Gomorrah", yet this almost Biblical inferno didn't just hit the Nazis and their followers but destroyed large parts of the city. At least 24,000 people were killed, 125,000 were injured and 900,000 lost their homes. More than half of all houses and a large part of the public buildings, churches, schools, hospitals and train stations, were destroyed. The metropolis on the Elbe went up in flames for the second time.

Flying over Hamburg, the marks of this fire storm can be seen even today. The working class districts which stem largely from the 19th century, particularly in Barmbek, Borgfelde, Hamm, Horn, Hammerbrook and Rotheburgsort were, after they were almost completely destroyed, replaced by new buildings which bear the sober mark of the 1950s

nichtete große Teil der Stadt: Mindestens 24 000 Menschen kamen ums Leben, es gab 125 000 Verletzte, 900 000 Menschen verloren ihr Obdach. Mehr als die Hälfte aller Wohnungen und ein großer Teil der öffentlichen Gebäude, der Kirchen, Schulen, Krankenhäuser und Bahnhöfe wurden zerstört. Zum zweiten Mal ging die Elbmetropole in Flammen auf.

Im Flug über Hamburg lassen sich die Spuren des Feuersturms bis in die Gegenwart erkennen. Die vielfach noch aus dem späten 19. Jahrhundert stammenden Arbeiterviertel vor allem in Barmbek, Borgfelde, Hamm, Horn, Hammerbrook und Rotheburgsort sind nach ihrer fast vollständigen Zerstörung einer Neubebauung gewichen, die das nüchterne Gepräge der fünfziger und sechziger Jahre des 20. Jahrhunderts haben. Die markanten Grindelhochhäuser, die die britische Besatzungsmacht ab 1947 in Harvestehude zunächst für die eigenen Beschäftigten errichtete, künden von einer neuen, auf Klarheit und Kargheit abzielenden stadtplanerischen Haltung, die für die Nachkriegszeit in Deutschland insgesamt typisch war, den Wiederaufbau zwischen Alster und Elbe aber besonders nachhaltig geprägt hat. Bauten wie der Alsterpavillon oder das Springerhochhaus, die beide von Ferdinand Streb entworfen wurden, überzeugen noch heute, während andere Entscheidungen der Stadtplaner bleibende Wunden geschlagen haben. Das gilt in besonderer Weise für die Ost-West-Straße, die noch immer als schwer zu überwindende Barriere das Stadtzentrum vom Hafen abschnürt. Dabei gehört doch beides zusammen, bilden Alster und Elbe, Jungfernstieg und Landungsbrücken, Stadt und Hafen eben jene urbane Melange, die an Hamburg so fasziniert. Anders als in der Nachkriegszeit ist sich die Stadt dieser harmonischen Polarität heute wieder bewusst geworden, putzt den Jungfernstieg als Flaniermeile mit Flair und Grandezza heraus und wendet sich zugleich mit Dynamik der Elbe zu. Neu sind die schicken Büro- und Geschäftshäuser, die sich am Hafenrand zwischen Övelgönne und den Landungsbrücken wie eine Perlenkette aufreihen – oft als reizvoll umgenutzte backsteinerne Industriebauten, manchmal aber auch als avantgardistische Glas-

and 60s. The striking Grindel high rises which the British occupying forces built from 1947 onwards in Harvestehude, at first for their own men, marked a new kind of urban planning which showed a certain clarity and sparseness. This was, generally speaking, typical for the whole of Germany during the post War period but it particularly defined the re-building between the Alster and the Elbe in the long-term. Buildings such as the Alster pavilion or the Springer high-rise, both designed by Ferdinand Streb, are convincing even today whilst other decisions made by the urban planners left lasting wounds. This applies in particular to the Ost-West-Straße which, being still a difficult barrier to overcome, cuts off the city centre from the harbour. Yet both of these belong together – the Alster and Elbe, the Jungfernstieg and the jetties, the city and the port – all form that urban mix which is so fascinating about Hamburg. Unlike during the post War period, the city has, once again, become aware of this harmonious polarity – it has smartened up the Jungfernstieg as a stylish promenade and is, at the same time, being quite dynamic with regards to the Elbe. The smart offices and business buildings are new and line the harbour between Oevelgönne and the jetties like a string of pearls. The buildings are often attractively converted industrial brick buildings and sometimes also avant-garde such as the glass architecture of Hadi Teherani's Dockland which, not by chance, is reminiscent of a ship. Hamburg, having been declared a "growing city" by its senate, is to be given, through the big project HafenCity (Harbour City) a whole new look in the 21st century. Of course the district will be maritime, built closely to the water and with its head in the wind.

Hamburg's smartest and most modern district is currently being developed directly behind the time-honoured Speicherstadt, in an old port area which became redundant with the introduction of the container system for goods transport. Here, offices, shops and flats with

Dockland am Altonaer Elbufer

Dockland at the Altonaer Elbufer

FREIRÄUME 35551-0
www.dockland-hamburg.de

architekturen wie etwa Hadi Teheranis Dockland, das nicht zufällig an ein Schiff erinnert. HafenCity heißt das große Projekt, mit dem sich das vom Senat zur „wachsenden Stadt" erklärte Hamburg im 21. Jahrhundert ein ganz neues Gesicht geben will. Selbstverständlich wird das Quartier maritim sein, dicht ans Wasser gebaut und mit dem Kopf im Wind. Gleich hinter der ehrwürdigen Speicherstadt, in einem alten Hafengebiet, das durch die Einführung des Containersystems für den Gütertransport funktionslos geworden ist, entsteht zurzeit der modernste und schickste Stadtteil: Büros und Geschäfte, dazu Wohnungen mit Panoramasicht und Fernwehgarantie, Restaurants und Bars, Museen und Galerien. Der Auftakt wird spektakulär sein und der Hansestadt ein neues Wahrzeichen bescheren: Auf dem alten Kaispeicher A errichten die Schweizer Architekten Jacques Herzog und Pierre de Meuron ein elegant himmelwärts schwingendes Bauwerk mit gläserner Fassade, dessen 107 Meter hohes Dach an ein Segel erinnern wird. Schon 2010 soll Hamburgs Elbphilharmonie, ein neuer Konzertsaal in Verbindung mit Wohnungen, einem Hotel, Restaurants und einer Aussichtsplattform, eingeweiht werden.

„Nur wer sich ändert, bleibt sich treu", hat der in Hamburg geborene und nach seiner Ausweisung aus der DDR hierher zurückgekehrte Liedermacher Wolf Biermann gedichtet – und damit zugleich das Lebens- und Überlebensrezept seiner Heimatstadt beschrieben. Wir stehen am Hafen unter dem weiten und noch immer makellos blauen Himmel, hören das Fernwehgeschrei der Möwen und schauen zurück auf die Dächer und Türme dieser großen Stadt am Wasser, die es geschafft hat, sehr alt zu werden und dabei doch immer jung zu bleiben.

panoramic views guaranteed to create wanderlust, are being built along with restaurants and bars, museums and galleries. There will be a spectacular start which will give the Hansa town a new emblem: Swiss architects Jacques Herzog and Pierre de Meuron have constructed, on the old Kaispeicher A (quay warehouse), an elegant construction which "swings" upwards with a glass façade, the 107 metre roof of which looks like a sail. Hamburg's new Elbphilharmonie building, a new concert hall incorporating flats, a hotel, restaurant and a viewing platform, will be officially opened already in 2010.

"Only those who change remain true to themselves," wrote the Hamburg songwriter Wolf Biermann who was born in Hamburg and returned here after he was expelled from the GDR. This also describes his hometown's concept for living and survival. We are standing at the harbour under the vast sky which is still a perfect shade of blue and can hear the seagulls' call to distant places and look back to the rooftops and towers of this big city by the water which has managed to become very old whilst also remaining young.

Rathausturm und Binnenalster mit Fontäne
Town Hall tower and the Inner Alster with fountain

Innenstadt, Elbe und Hafen,
im Trockendock von Blohm & Voss die „Queen Mary 2"

**City centre, the Elbe and port;
in the dry dock of Blohm & Voss, the Queen Mary 2.**

Queen Mary 2
CUNARD

Innenstadt, Elbe, Außen- und Binnenalster von Nordwest

City centre, the Elbe, the Outer and Inner Alster as seen from the north west

Blick von Südost über Innenstadt, Hafen und Altona Richtung Elbmündung
View from the south east across the city centre, port and Altona looking down the Elbe

Blick elbaufwärts nach Vierlande

View upwards towards Vierlande

Hafen mit den Elbbrücken Richtung Osten

Port with Elbe bridges looking eastwards

Sonnenaufgang über Elbe, Innenstadt,
Binnen- und Außenalster
Sunrise over the Elbe,
city centre; Inner and Outer Alster

Innenstadt mit St. Petri (links) und St. Jacobi (rechts), Im Hintergrund Lombards- und Kennedybrücke

City centre with St. Petri (left) and St. Jacobi (right); in the background, the Lombard and Kennedy bridges

Blick zum Michel, der Hauptkirche St. Michaelis, Richtung Norderelbe und St. Pauli
View to the Michel, the St. Michaelis Church, one of Hamburg's main Protestant churches, looking towards the North Elbe and St. Pauli

Innenstadt mit Rathaus und Rathausmarkt, Binnenalster und Alsterfleet,
im Hintergrund links die Speicherstadt, rechts der Michel
City centre with Town Hall and Town Hall market, the Inner Alster and Alsterfleet;
background, left, the Speicherstadt; right, the Michel

Hotel „Vier Jahreszeiten" an der Binnenalster

The Four Seasons Hotel by the Inner Alster

Jungfernstieg,
Alsterpavillon und
Binnenalster
Jungfernstieg,
the Alster pavilion and
the Inner Alster

Zentrum mit Jungfernstieg und Rathaus
City centre with Jungfernstieg and Town Hall

Fontäne in der Binnenalster
und Jungfernstieg
Fountain in the Inner Alster
and Jungfernstieg

OPTIKER BODE

Viertel um den Gänsemarkt

The Gänsemarkt district

Viertel um die ABC-Straße, links vorn der Axel Springer Verlag, dahinter das Unilever-Haus, das Messegelände und der Fernsehturm

The district around the ABC-Straße; foreground, left, Axel Springer Publishers and behind, the Unilever building, the trade fair site and the Television Tower

Planten un Blomen
Planten un Blomen

Fernsehturm und Innenstadt

Television Tower and city centre

Rotherbaum, Dammtor-Bahnhof,
Hotel Radisson, im Hintergrund St. Pauli,
die Elbe und der Hafen

Rotherbaum, Dammtor station,
Hotel Radisson; in background, St. Pauli,
the Elbe and the port

Harvestehude, Außenalster
und Rondeelkanal
Harvestehude, the Outer Alster
and the Rondeel canal

Außenalster und Langer Zug, Uhlenhorst und Feenteich
The Outer Alster and Langer Zug, Uhlenhorst and Feen pond

Blick von Harvestehude über die Außenalster Richtung Barmbek

View from Harvestehude across the Outer Alster towards Barmbek

Hotel „Atlantic“ an der Außenalster

The Hotel Atlantic by the Outer Alster

Deutsches Schauspielhaus am Hauptbahnhof

Deutsches Schauspielhaus theatre by the central station

Außenalster, St. Georg, rechts der Hauptbahnhof und die Kunsthalle
Outer Alster, St. Georg; right, the central station and the Kunsthalle art gallery

Blick vom Hauptbahnhof über die Außenalster

View from the central station across the Outer Alster

Hauptbahnhof
Central station

Deichtorhallen und Hauptbahnhof

Deichtorhallen and central station

Deichtorhallen

Deichtorhallen

Gleisanlagen
zwischen Hauptbahnhof
und Berliner Tor
Railways between the
central station and the
Berliner Tor

Am Berliner Tor

The Berliner Tor

Zentraler Omnibus-
Bahnhof an
der Adenauerallee
Central bus station on
the Adenauerallee

Neubau am Heidenkampsweg

Modern building at Heidenkampsweg

Chilehaus am
Buchardplatz
Chile House at the
Buchardplatz

Gebäude des Verlags Gruner + Jahr
Gruner + Jahr publishers building

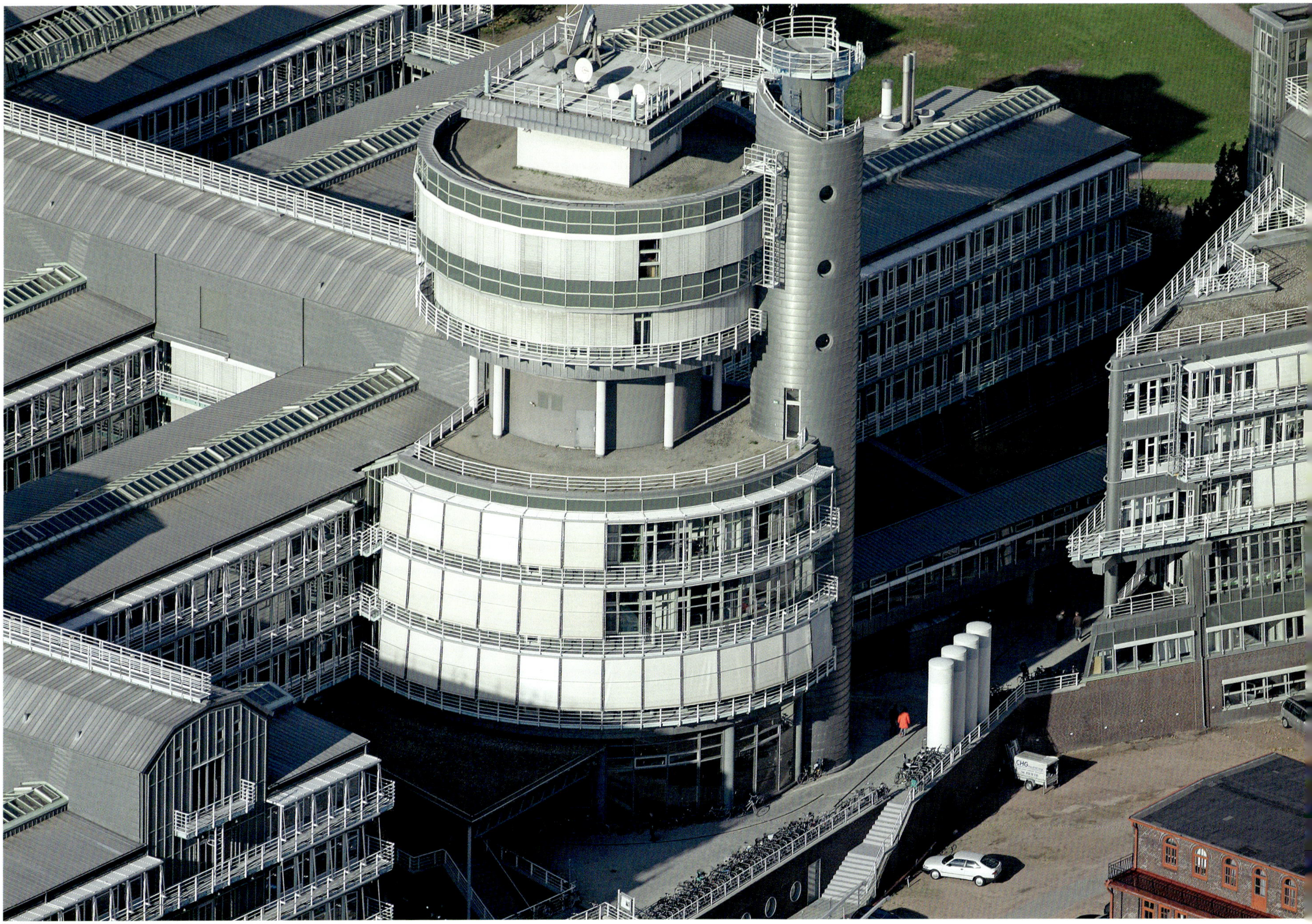

Verlagsgebäude Gruner + Jahr am Baumwall

Gruner + Jahr publishers building at the Baumwall

Innenstadt

City centre

Michaeliskirche,
der Michel
Michaelis Church,
the Michel

Michaeliskirche
Michaelis Church

Innenstadt vom Niederhafen aus gesehen, rechts die Speicherstadt

City centre as seen from the Niederhafen; right, the Speicherstadt

Blick über die Elbe auf Speicher- und Innenstadt mit (von links) Petri-, Nikolai-, Jacobi- und Katharinenkirche

 View across the Elbe onto the Speicherstadt and city centre with (from left) the Petri, Nikolai, Jacobi and Katharinen churches

Speicherstadt und das von Hadi Teherani erbaute Deichtorcenter

Speicherstadt and the Deichtorcenter, built by Hadi Teherani

Speicherstadt
Speicherstadt

Am Sandtorkai

On the Sandtor embankment

St. Pauli, Landungsbrücken
St. Pauli, landing bridges

Speicherstadt
Speicherstadt

Landungsbrücken
während des
Hafengeburtstags
Landing bridges
during the
port birthday

Fischmarkt
Fish market

Volksfest „Hamburger Dom" auf dem Heiligengeistfeld
Hamburger Dom fair on the Heiligengeistfeld

Bismarck-Denkmal im alten Elbpark, im Hintergrund „Hamburger Dom"
The Bismarck memorial in the old Elbe park; in the background, the "Hamburger Dom"

Planetarium im Stadtpark
Planetarium in the city park

Planschbecken im Stadtpark

Paddling pool in the city park

Mundsburg/Uhlenhorst, Hohenfelde und St. Georg

Mundsburg/Uhlenhorst, Hohenfelde and St. Georg

Stadtansicht von Nordosten

City view as seen from the north east

Wandsbek

Wandsbek

Steilshoop, im Vordergrund der Ohlsdorfer Friedhof

Steilshoop; foreground, the Ohlsdorfer cemetery

City Nord
North city

Flughafen Fuhlsbüttel

Fuhlsbüttel airport

Rangierbahnhof Maschen
Marshalling yard in Maschen

Neu Elbbrücke sowie Eisenbahn- und Freihafenbrücke

New Elbe bridge and Railway and Freihafen bridges

Eisenbahn- und Freihafenbrücke über die Norderelbe

Railway and Freihafen bridges across the North Elbe

Elbe, Elbbrücken und Hafenanlagen
The Elbe, Elbe bridges and port

Blick über die Elbbrücken Richtung Innenstadt

View across the Elbe bridges towards the city centre

Kleiner Grasbrook

Small Grasbrook

Kraftwerk Tiefstack und Billwerder Bucht
Tiefstack power plant and Billwerder bay

Blick über den Hafen zur Innenstadt

View across the port to city centre

Hafenanlage Hohe Schaar mit der Kattwykbrücke

Port Hohe Schaar and Kattwyk bridge

Köhlbrandbrücke, im Hintergrund der Container-Terminal Waltershof
Köhlbrand bridge; in background, container terminal Waltershof

Köhlbrandbrücke und Steinwerder

Köhlbrand bridge and Steinwerder

Hauptklärwerk Köhlbrandhöft

Köhlbrandhöft main wastewater treatment plant

Containerschiff
Container ship

Dockland
Docklands

Queen Mary 2
CUNARD

Die „Queen Mary 2“ bei der Ausfahrt aus dem Hamburger Hafen

The Queen Mary 2 sailing out of Hamburg port

Hafengeburtstag
Port birthday

Elbe und Hafen im Abendlicht
The Elbe and port in the evening light

Blick über den Hafen elbabwärts

View across the port going up the Elbe

Altona
Altona

Bahnhof Altona

Altona station

Hotel Hafen Hamburg
Hafen Hamburg Hotel

Museumshafen Övelgönne
Övelgönne museum port

Internationaler Seegerichtshof an der Elbchaussee
International Tribunal for the Law of the Sea on the Elbchaussee

Övelgönne mit dem Gebäude des Architekturbüros von Gerkan, Marg und Partner (oben, Mitte)
Övelgönne with the Gerkan, Marg and Partner architects office building (above, centre)

Othmarschen, Jenischpark
Othmarschen, Jenisch park

Containerhafen, Terminal Burchardkai
Container port, Buchard Quay terminal

Container-Terminal Waltershof
Container terminal Waltersdorf

Elbe und Blankenese

The Elbe and Blankenese

Blankenese
Blankenese

Airbus-Werk in Finkenwerder
Airbus factory in Finkenwerder

A380
AIRBUS A380

Am Öjendorfer See
Öjendorfer lake

Schloss Ahrensburg
Schloss Ahrensburg

Bergedorf
Bergedorf

Vierlande, Hohedeich
Vierlande, Hohedeich

Curslack und Dove Elbe

Curslack and Dove Elbe

Apfelbäume im Alten Land
Apple trees in the Alte Land

Elbe bei Wedel

Elbe at Wedel

Blick elbabwärts, im Vordergrund die Hahnöfer Nebenelbe

View looking up the Elbe; foreground, the Hahnöfer Nebenelbe

Die „Queen Mary 2"
nahe der Landungs-
brücke Teufelsbrück
The Queen Mary 2
near the Teufelsbrück
landing bridge

Jochen Knobloch, geboren 1941 in Dresden, ist seit 1966 als freier Fotograf tätig, zuerst in Leipzig und Berlin, nach seiner Übersiedlung in die Bundesrepublik in Hamburg. Neben Reportagen, Architektur- und Industrieaufnahmen gehört das Luftbild zu den Schwerpunkten seiner Arbeit. Er ist Autor mehrerer Bildbände, darunter im Hinstorff Verlag IM FLUG ÜBER DIE DEUTSCHE OSTSEEKÜSTE (2005), IM FLUG ÜBER DIE DEUTSCHE NORDSEEKÜSTE und SPREEWALD (beide 2006).

Matthias Gretzschel, geboren 1957 in Ortrand bei Dresden, arbeitet seit 1990 als Feuilletonredakteur beim Hamburger Abendblatt. Er hat zahlreiche Bücher zu kulturgeschichtlichen Themen verfasst, besonders über Dresden und über die Hansestadt Hamburg. Im Hinstorff Verlag publizierte er 1998 zusammen mit Günter Franz einen Bildband über SCHLESWIG-HOLSTEIN.

Andrea Edwards, geboren 1972 in Bristol, England, arbeitet seit 2000 als freiberufliche Übersetzerin in Berlin, vor allem in den Bereichen Kultur, Reisen/Tourismus, Werbung, PR und Geschichte.

Der Bildautor möchte sich bei all denen bedanken, die einen Beitrag am Zustandekommen der Fotos geleistet haben.
Mein Dank gilt besonders den Damen und Herren der Deutschen Flugsicherung, auf der VFR-Frequenz von „Hamburg Tower". Sie haben meinen langsamen Motorsegler zu allen Tageszeiten über dem Stadtgebiet zwischen den an- und abfliegenden Airlinern eingefädelt. Ohne ihre Geduld und ihr Verständnis wären manche Aufnahmen des Buches nicht möglich gewesen.
Dank auch den Mitarbeiterinnen und Mitarbeitern der Abteilung Luftfahrt bei der Behörde für Wirtschaft und Arbeit der Freien und Hansestadt Hamburg für die unbürokratische Erteilung der erforderlichen Genehmigungen. *Jochen Knobloch*

Titelbild Blick über Elbe und Hafen auf das Stadtzentrum
View across the Elbe and port towards the city centre

Rücktitel Die „Queen Mary 2"
The Queen Mary 2

Seite 2 Schlepper-Ballett am Hafengeburtstag
Tug ballet on port birthday

Seite 4 Binnenalster und Innenstadt
The Inner Alster and city centre

Bibliographische Information Der Deutschen Bibliothek:
Die Deutsche Bibliothek verzeichnet diese Publikation in der Deutschen Nationalbibliographie; detaillierte bibliographische Daten sind im Internet über http//dnb.ddb.de abrufbar.

Alle Rechte vorbehalten. Reproduktionen, Speicherungen in Datenverarbeitungsanlagen, Wiedergabe auf fotomechanischen, elektronischen oder ähnlichen Wegen, Vortrag und Funk – auch auszugsweise – nur mit Genehmigung des Verlages.

© Hinstorff Verlag GmbH, Rostock 2007
Lagerstraße 7, 18055 Rostock
Tel. 03 81 / 49 69 - 0
Internet: http://www.hinstorff.de

1. Auflage 2007

Herstellung: Hinstorff Verlag GmbH
Lektorat: Thomas Gallien
Druck und Bindung: Neumann & Nürnberger, Leipzig
Printed in Germany
ISBN 978-3-356-01176-0